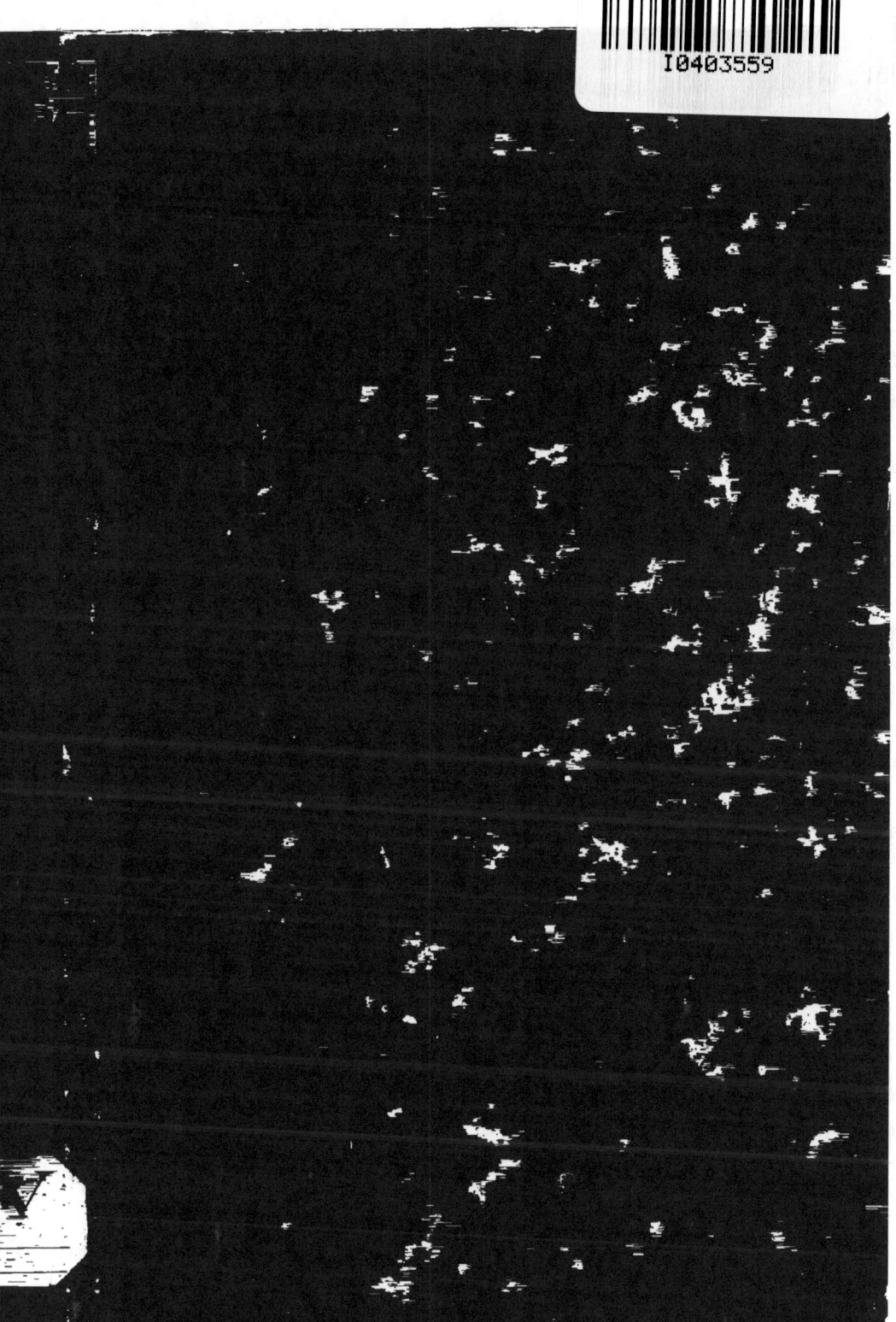

CÉRAMIQUE RÉVOLUTIONNAIRE

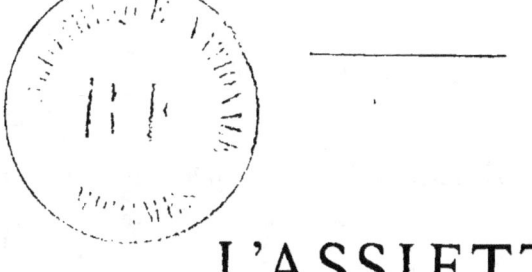

L'ASSIETTE

DITE

A LA GUILLOTINE

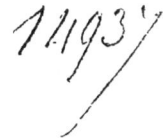

TIRAGE

200 exemplaires en noir, papier teinté.
50   —   en rouge, papier vergé.

Paris. — Imprimerie Jouaust, rue Saint-Honoré, 338

CÉRAMIQUE RÉVOLUTIONNAIRE

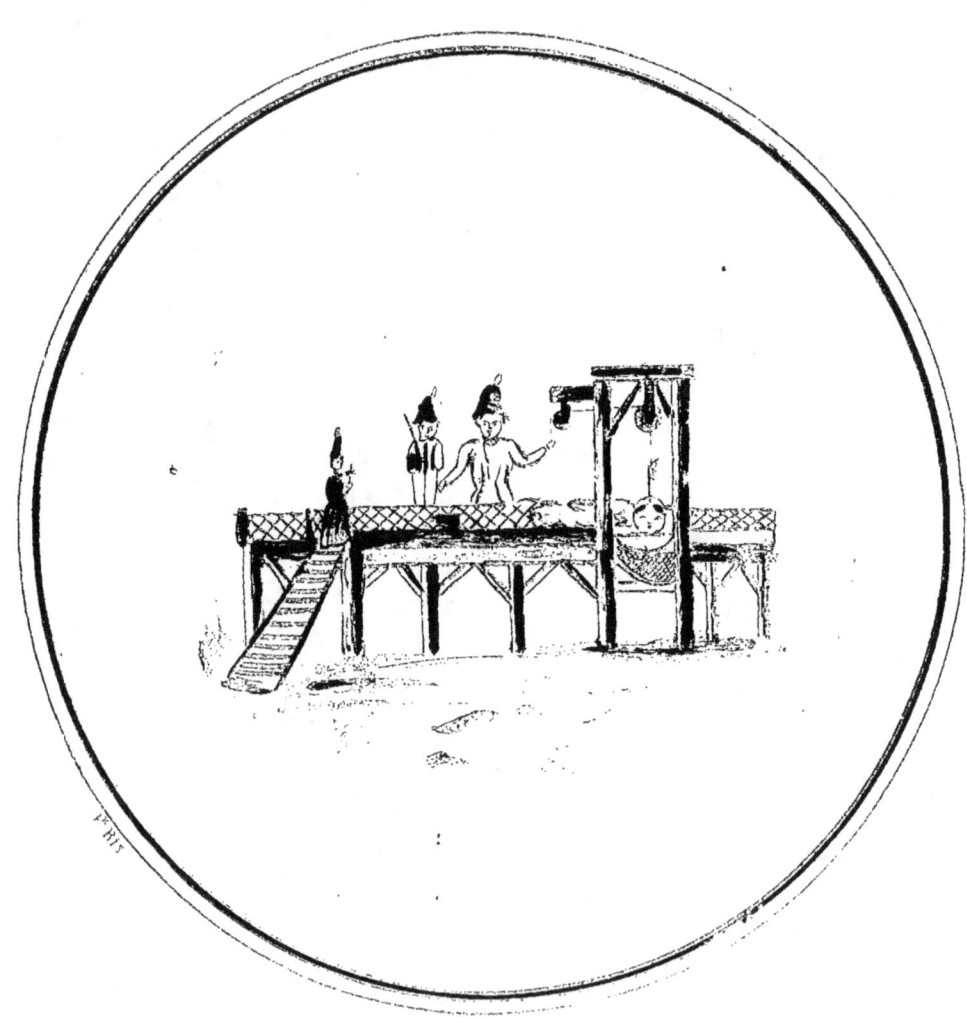

L'ASSIETTE À LA GUILLOTINE

DIAMÈTRE 27ᶜ ½   LITH. L BOILEAU. AMIENS.   COLLᵒⁿ DE Mᴿ Gᵛᵉ GOUELLAIN

CÉRAMIQUE RÉVOLUTIONNAIRE

L'ASSIETTE

DITE

A LA GUILLOTINE

PAR

GUSTAVE GOUELLAIN

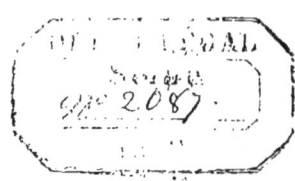

Avec une planche en couleur

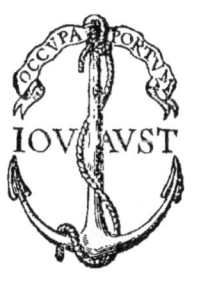

A PARIS

DE L'IMPRIMERIE JOUAUST

RUE SAINT-HONORÉ, 338

M.DCCC.LXXII

A M. RIOCREUX

CONSERVATEUR DU MUSÉE CÉRAMIQUE

DE LA MANUFACTURE DE SÈVRES

HOMMAGE DU PROFOND RESPECT ET DE LA GRATITUDE
DE L'AUTEUR

GUSTAVE *GOUELLAIN.*

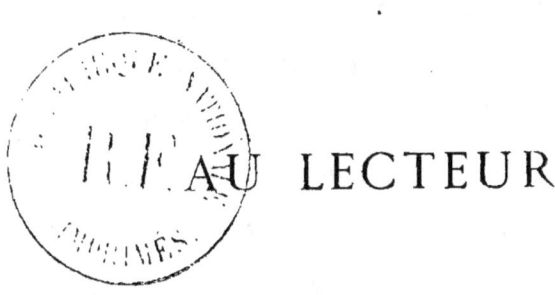 **AU LECTEUR**

L E *petit monument d'art céramique dont nous présentons la reproduction en tête de ces pages n'a point besoin, pour être compris, de longues dissertations. Produit sous l'empire d'une idée quelconque, — terroriste ou rétrogade, — le point est peu important ; ce que nous avons voulu prouver, c'est qu'il existe, et que cet oiseau rare des collections de faïences républicaines est autre chose qu'un rêve ou qu'une mystification.*

On a beaucoup parlé dans le monde de la curiosité de « l'assiette à la guillotine ». Ayant eu la bonne fortune d'en rencontrer une, nous n'avons point voulu dissimuler

cette pièce aux regards de ceux qu'elle peut intéresser.
Grâce au concours excellent de M. C. Ris, dessinateur
habile, nous sommes heureux d'offrir au public nombreux
autant qu'érudit que ces études séduisent une reproduction
coloriée dont le mérite et la fidélité ne peuvent être contes-
tés. Ce sera notre excuse, et nous osons espérer que l'ori-
ginalité de la peinture que nous offrons aux curieux nous
fera pardonner l'insuffisance des notes dont nous l'accom-
pagnons.

L'ASSIETTE

DITE

A LA GUILLOTINE

I

POLITIQUE A PROPOS D'ASSIETTES

Si l'on examine les plus beaux produits de l'art de terre depuis l'antiquité, on reconnaît qu'en tout temps ils furent ornés de peintures ou de parties modelées offrant soit des scènes domestiques, soit des cérémonies publiques, des emblèmes sacrés ou des représentations hiératiques.

Tout ce qui se rattache au monde mythologique, à ses croyances, où le génie des dieux s'incarne sous des figurations d'exquise beauté, sous des types de grâce éternelle, se retrouve dans les suites remarquables de vases grecs ou étrusques dont les musées de Naples et du Vatican abritent les plus nobles vestiges. C'est là du grand art, de la haute curiosité, des trésors qui furent destinés à orner la maison des rois et le temple des dieux.

Dans un ordre d'idées plus modeste, si l'on suit l'échelle des siècles, on voit la céramique se transformer, se plier aux exigences de la vie quotidienne, descendre des hauteurs de l'Olympe et aller chercher, avec notre immortel Bernard Palissy, ses inspirations aux sources vives de la nature, aux retraites inexplorées des rivières et des bois.

Le côté humain de l'art se révélait dans cette voie; c'était un ordre de choses nouveau qui commençait. Dans cette route devaient indéfiniment marcher les céramistes de l'avenir, chacun innovant pour son compte et prenant ses modèles autour de soi. Sur la panse du vase, on verra désormais le reflet des événements, les habitudes et les mœurs de l'époque, les faits éclatants de l'histoire; les grandes inventions et les choses d'actualité emprunteront, pour se fixer, cette base, qu'on croyait fragile, et qui a conservé sous son émail leur souvenir impérissable. Enfin, ce qui impressionnera le plus l'individu se manifestera sous cette forme, jusqu'aux symboles abstraits de la religion maçonnique et aux emblèmes politiques.

Le mouvement révolutionnaire de la fin du siècle dernier s'est imprimé puissamment sur les choses de la céramique, et toutes les opinions se manifestèrent dans ce singulier journal.

Alors, plus qu'à toute autre époque, le sentiment de chacun se faisait jour et s'exprimait au moyen de légendes ou d'images naïves.

Si, dans une assiette, on pouvait lire :

VIVE LE TIERS ÉTAT;

l'opinion contraire éclatait non moins visiblement dans une autre qui répondait :

LE TIERS NUIT.

Républicains et royalistes pouvaient, de cette façon, trouver chacun leur compte dans l'assortissement du faïencier.

A côté des devises franchement républicaines telles que :

VIVE LA MONTAGNE,
VIVE LE PÈRE DUCHENE,

ou du refrain légendaire :

ÇA IRA;

il n'est point rare de rencontrer des pièces où se manifeste un sentiment tout à fait opposé.

Si l'énergie de la revendication populaire s'affirme dans ces mots :

VIVRE LIBRE OU MOURIR;

une pensée de réaction non moins vive se dissimule sous cette inscription inspirée des malheurs du temps :

SI LES CHOSES NE CHANGENT DE FACE,
NOUS SERONS BIENTOT A LA BESACE.

Ces deux exemples sont empruntés à des faïences révolutionnaires de notre collection; on pourrait en citer beaucoup d'autres.

En même temps qu'un courant révolutionnaire entraînait certains esprits à la représentation d'emblèmes violents et à la propagation de devises radicales, un mouvement inverse se produisait donc pour traduire les tendances royalistes restées au fond du cœur de l'habitant des campagnes. Faisons observer, à cet égard, que cette opposition aux choses du jour n'était pas sans danger et qu'il fallait l'entourer de précautions dont il est curieux de retrouver la trace.

Les assiettes à emblèmes devenaient parfois prétextes à disputes entre convives, si l'on en croit la singulière aventure arrivée à Dieppe, et dont Noël de la Morinière est le héros.

Invité à dîner, pendant la Terreur, chez « l'un des plus pacifiques bourgeois de la ville, on servit le repas dans des assiettes fleurdelisées. A la vue de cet emblème de la *tyran-nie*, Noël sent tout son sang de tribun lui bouillonner dans les veines : il se lève de table, prend les assiettes dans ses mains, les jette contre la muraille et les foule aux pieds [1]. »

Il fallait donc se cacher pour exprimer certains sentiments : aussi, sur une assiette de la collection de M. Paul Baudry, de Rouen, l'inscription, au lieu d'être tracée dans le fond, l'est-elle au revers. De cette manière elle ne sautait pas aux yeux, et le paysan gardait pour lui, sans en faire parade, son culte et ses convictions monarchiques ainsi formulées :

VIVE

LA NATION

LA LOI

LOUIS XVI

1791

M. Mareschal, de Beauvais, signale ingénieusement cet écueil de la faïence parlante, indiquant trop clairement les idées politiques de son possesseur... « Le paysan s'aperçoit qu'au fond de ces bonnes assiettes où ses enfants épelèrent les mots : *Vive le Roi!* il est resté un danger pour lui, pour sa famille ; alors un émail noir recouvre les royales couron-nes, les séditieuses fleurs de lis et le cri devenu dangereux ; le feu repasse sur le tout, et il n'y a plus que des choses in-

1. L'abbé Cochet, *Galerie Dieppoise*, page 108.

formes et sans nom ; voilà le péril conjuré, surtout si à côté
le suspect a eu le soin de mettre dans sa potière l'assiette au
Ça ira, au bonnet phrygien, ou bien celle qui porte la terrible légende : *La liberté ou la mort!* [1] »

Ces assiettes, ainsi retravaillées sous l'empire des préoccupations politiques, M. Mareschal les qualifie par un mot
charmant : « destituées ».

Et ce n'était pas seulement la grossière vaisselle de
l'homme du peuple et du paysan qui était ainsi vouée aux
emblèmes politiques, révolutionnaires ou conservateurs ; la
manufacture de Sèvres elle-même suivit cette mode, dont
on retrouve le souvenir dans un certain nombre d'échantillons précieux.

A l'Exposition universelle de 1867 [2] figurait une très belle
tasse en porcelaine de Sèvres, décorée par Blin, dorée par
Prévost, et représentant, dessinés en bleu sur un fond de
nuages, des génies tenant à la main le bonnet rouge et le
niveau égalitaire. On lisait sur cette pièce, d'un art délicat
et aristocratique, cette inscription caractéristique des préoccupations de l'époque et de la tragédie du 21 janvier 1793 :

JE VOTE LA MORT DU TYRAN.

N'est-ce pas la meilleure démonstration que la politique, à

---

1. *Imagerie de la faïence française,* par M. A.-A. Mareschal, Introduction.

2. N° 4457 du *Catalogue général,* section de l'*Histoire du travail.*

la fin du dernier siècle, avait envahi le domaine de l'art céramique, et que tout ce qui, de près ou de loin, se rattachait à l'histoire révolutionnaire, devait laisser son empreinte puissante aussi bien sur les plus raffinés que sur les plus humbles de ses produits ?

II

LA CÉRAMIQUE RÉVOLUTIONNAIRE

DES exemples que nous venons de citer ressort cet ensei-
gnement : c'est qu'il est facile de faire parler au profit
de chaque opinion nos faïences populaires. Vouloir leur as-
signer un champ, c'est les renfermer dans un cercle dont la
verve de nos pères brisera la règle étroite : ne les faisons
donc ni exclusivement royalistes, ni toujours républicaines,
car elles ont comme les hommes leurs divisions intestines,
et elles reflètent comme des êtres animés nos passions et nos
discordes.

Comme l'a très-bien fait remarquer M. Du Broc de Ségange : « Les premiers nuages qui s'amoncellent autour de
la royauté sont exprimés d'une façon toute pastorale [1] ! »

1. Du Broc de Ségange, *La Faïence, les faïenciers et les émailleurs de
Nevers*, page 211.

3

Mais bientôt la note va s'accentuer.

On lit sur un saladier du Musée céramique de Rouen l'inscription suivante, qui s'explique d'elle-même et n'a pas besoin de commentaires :

VIVE LE PÈRE DUCHÊNE. 1791.

Si cet échantillon n'est point une glorification du fameux journal de la Terreur, il faut renoncer à chercher un sens quelconque dans ces monuments épigraphiques.

Dans une étude sur le Musée céramique de Nevers, publiée en 1862, l'auteur de cette note avait déjà cherché à déterminer l'importance et le sens des faïences patriotiques renfermées dans la collection. « ... On écrit sur la vaisselle, — ne pouvant les graver dans tous les cœurs, — ces grands mots de Liberté, Égalité, surmontés du symbole ordinaire [1]..... Ces jours d'agitation et de crise sont marqués par l'infériorité des œuvres artistiques : partout et à propos de tout éclate la négligence des ouvriers, que sans doute de plus hautes préoccupations absorbent..... C'est l'heure de la désorganisation et du chaos. La couleur et le dessin, pour se vulgariser et descendre davantage, font assaut de platitude et d'inepties. Plus de style, plus d'aspirations vers le beau; partout la trivialité mise à la place de l'élégance [2]. »

1. Le bonnet rouge.
2. Gustave Gouellain, *Le Musée céramique de Nevers*, Rouen, 1862, pages 11 et 12.

Nous n'avons point changé d'opinion, malgré les critiques qu'un pareil jugement nous attira de la part de
M. Champfleury, qui préparait à cette époque un grand
travail sur la céramique révolutionnaire, objet de ses prédi-
lections. Nous reconnaissons le mérite et l'intérêt de la
faïence populaire, mais ce n'est pas de l'art supérieur, et
quand nous exaltons les chefs-d'œuvre de l'école de Rouen
au-dessus de ces imageries, tous ceux qui ont la notion du
beau sont avec nous contre M. Champfleury, entraîné par
l'esprit de système, quand il qualifie notre sincère et légitime
admiration de « patriotisme de clocher ».

Les fastes de l'époque républicaine se retrouvent donc
reproduits sur une multitude d'œuvres céramiques. Pres-
que toutes les fabriques ont laissé des échantillons appartenant à cette période de l'histoire contemporaine.

Mais comme alors il n'y a plus ni art, ni style, — dans les
produits courants du moins, — la confusion se fait entre
les fabriques, et il en résulte un chaos inévitable. Les dis-
tinctions s'établiront à l'aide de caractères purement exté-
rieurs, façon, nuance de l'émail, emploi de certaines couleurs fondamentales. Nevers n'ayant jamais possédé le
secret du vrai *rouge*, on doit attribuer à d'autres fabriques
toutes les pièces grossières où figurent dans leur couleur
véritable le drapeau tricolore ou le bonnet de la liberté.
Mais, par contre, toutes les assiettes à bonnets et à drapeaux
aunes peuvent être attribuées à la fabrication de Nevers.

Ne chargeons point pourtant de tous ces mauvais spécimens le compte des fabriques nivernaises, et n'oublions pas qu'à cette époque de renversement de priviléges une quantité d'ateliers sans nom se sont ouverts dans beaucoup de centres inconnus.

Dans la fabrication de ces pièces emblématiques, la part de Rouen est des plus restreintes. Toutefois, il y a, dans les collections, quelques types sur l'origine desquels on ne peut émettre aucun doute. Nous citerons entre autres une assiette antérieure à la Révolution, au fond de laquelle est représenté un ballon orné de décors en beau rouge. Autour est écrit :

GLOBE DE Mᵗˢ MONGOLFIER.

Entre deux soleils, et comme eux peint en jaune clair, est figuré sur l'aérostat le chiffre royal, composé de deux L entrelacés, comme dans l'ancien monogramme de Sèvres. Cette jolie pièce, soigneusement exécutée, a été certainement inspirée par les expériences de navigation aérienne faites devant la cour, le 20 septembre 1783.

Bien qu'elle appartienne déjà à la décadence de l'art rouennais, elle est d'un bon travail et porte bien le cachet de son origine et la marque de sa fabrique.

Les emblèmes maçonniques, les attributs d'art ou de métier, ne se rencontrent point fréquemment en dehors des produits de l'école nivernaise. Les inscriptions bachiques et grivoises sont aussi l'un des caractères les plus originaux de cette fabrication. On les trouve notamment sur des pièces appartenant à la seconde moitié du siècle dernier, au moment où fut en vogue le saladier dit *à l'arbre d'amour*, l'un des motifs les plus amusants de l'imagerie sur faïence.

Les fabriques picardes et lorraines peuvent revendiquer une assiette commune, présentant en son centre l'arbre de la liberté surmonté du bonnet rouge : dans un cartouche se lit, en lettres noires d'écriture cursive, la légende souvent citée :

LA LIBERTÉ OU LA MORT.

Dans d'autres exemplaires, l'arbre de la liberté est remplacé par un faisceau avec la hache coiffée du bonnet phrygien, et la devise est la même que dans le cas précédent.

Au nombre des types souvent rencontrés, nous devons mentionner encore, comme représentant bien dans ses couleurs la gamme de la palette nivernaise, une assiette offrant dans un ovale central ce rébus significatif :

IL FAUT CÉDER.

La bêche, symbole du tiers état, surmonte un assemblage de canons et de branches d'arbres.

Renonçons donc à innocenter en masse tous les emblèmes

céramiques républicains, et reconnaissons que certains ont une couleur très-prononcée; c'est là seulement ce que nous avons cherché à faire prévaloir jusqu'ici, et c'est ce qui nous permettra de rattacher à la série des œuvres révolutionnaires un type ignoré qui la complète parfaitement.

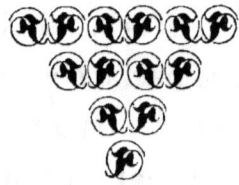

III

L'ASSIETTE A LA GUILLOTINE

COMME le démontrent amplement les diverses légendes
que nous avons rapportées, les grands faits du mouvement révolutionnaire ont eu leur écho jusque dans les plus
humbles manufactures. Maintenant le terrible instrument
qui fonctionna sous la Terreur a-t-il été peint par un faïencier épris des choses du temps ou séduit par les miracles de
perfectionnement de l'invention nouvelle? C'est ce que nous
nous proposons de rechercher ici, dans les traditions d'a-
bord, dans les monuments figurés ensuite.

Il est de notoriété, dans le monde des marchands et des
collectionneurs, que « l'assiette à la guillotine » existe.

Dans un article très travaillé sur *les Arts et les Peintures
céramiques*, publié dans le *Correspondant* en février 1864[1],

1. Voir dans le *Correspondant,* numéro du 25 février 1864, pages 378 à
415, l'intéressant article de M. Ernest de Toytot.

l'auteur, M. Ernest de Toytot, avait rappelé cette vieille croyance..... « Obséquieuse et délicate flatterie au pouvoir régnant, la *guillotine* étale son image au fond d'une assiette. Pour manger dans cette symbolique et réjouissante vais-selle, quel appétit possédaient donc les hommes de ce temps-là ? »

Or, cette opinion n'est pas seulement celle de M. de Toy-tot ; dans tout le Nivernais, des contemporains de la Révo-lution se souviennent de cette assiette et affirment l'avoir vue.

On n'invente pas des souvenirs pareils ; l'homme qui aura contemplé dans sa jeunesse un tel tableau en conservera longtemps la mémoire, et l'image fidèle en restera devant ses yeux. Qu'il ait été frappé par le côté politique, que l'in-vention nouvelle seulement ait captivé son attention, c'est pour nous un résultat identique. Il y aura eu impression vive, et c'est là-dessus que la tradition se formera.

Guidé par cette lumière, — indécise, convenons-en, — nous n'avions jamais désespéré de rencontrer un jour, dans nos recherches, ce curieux échantillon de la faïence révolu-tionnaire, quand, il y a déjà quelques années, en mars 1867, M. A. Assegond, amateur distingué d'art et de faïences, conservateur du Musée de Bernay, nous écrivit de Paris qu'il avait découvert une « assiette à la guillotine » chez un marchand de la rue des Martyrs[1] ; il ajoutait qu'il la croyait

---

1. M. Deveuve, bien connu de tous les amateurs parisiens.

bien authentique, mais qu'elle était affreuse comme sujet et comme exécution; il n'osait enfin se prononcer, et se résumait en disant qu'il fallait attendre la décision de notre docte maître, M. Riocreux, avant de la déclarer ancienne.

L'éveil nous était donné. Pour quiconque connaît les transes par lesquelles passent en pareil moment les collectionneurs, nous n'avons rien à ajouter : seulement il n'y avait pas une minute à perdre pour arrêter au passage une semblable curiosité dans cet immense Paris, toujours à la recherche de l'étrange. Nous nous empressâmes de prévenir le savant conservateur du Musée de Sèvres, M. Riocreux, qui, dans sa bienveillance habituelle, voulut bien prendre en main notre cause et résumer son opinion dans la lettre qu'il nous écrivit alors.

« Je m'empresse de vous informer que, conformément à votre désir, j'ai été voir chez M. Deveuve l'assiette révolutionnaire qu'il possède et qui vous avait été signalée : à première vue, j'ai eu quelque hésitation, vu l'intégralité de sa conservation, pour prononcer avec assurance de certitude sur l'époque où elle a été créée; j'ai en conséquence prié Deveuve de m'accorder deux ou trois jours pour y réfléchir; je l'ai envoyé chercher ce matin à l'effet d'en faire une étude sérieuse, et ma pensée est maintenant qu'elle est bien de l'époque dont elle représente le repoussant drame. Elle a été achetée à Bar-sur-Seine, — vous savez que le trop célèbre Danton était de ce département, — et je suis disposé à croire que cette pièce sort de l'ancienne faïencerie d'Ancy-le-Franc (Yonne). »

Cette consciencieuse consultation nous affermissait dans ce que nous avions toujours espéré, sur la parole de personnes dignes de créance, qu'un jour nous finirions par trouver la fameuse assiette : il n'y avait plus de doute pour nous, après le jugement dont nous venons de rapporter exactement les termes.

Quelques jours plus tard, nous devenions propriétaire de l'œuvre en question, et nous obtenions, à l'appui de nos idées sur l'antiquité de la pièce, l'appréciation de M. A. Milet, chef de la fabrication à la Manufacture de Sèvres, arbitre excellent autant que critique délicat..... « C'est un produit bien informe, au point de vue de l'art, que ce petit plat décoré de l'épouvantable instrument..... La faïence est laide et mal émaillée autant que l'ornementation est grossière..... Elle a été faite d'après quelques estampes du temps, car, tout *chargés* et difformes que soient les quatre petits personnages de la scène, savoir : la femme couchée au-dessus de laquelle se balance le fatal couperet, l'exécuteur qui l'avoisine, le gendarme qui fait face au milieu de l'estrade, et le prêtre qui vient de gravir le dernier échelon de l'escabeau, ils rappellent parfaitement, mais d'une manière grotesque et ridicule, les compositions républicaines. Il y a fort peu de couleur et de dessin dans tout cela : un cercle ou deux sur le bord, l'un en jaune et l'autre en verdâtre, et, dans le champ, la charpente solide, s'appuyant sur le vide, ou plutôt sur quelques lichettes de couleur bleu pâle, est coloriée, ainsi que les personnages, de brun, de bleu, de jaune et de quelques tons violâtres-roux assez bien glacés. »

M. Milet, après un second examen, ajoutait aux détails

précédents que rien n'est plus primitif que la délinéation, le modelé et la coloration des personnages de ce sanglant sujet; que l'on y sent l'œuvre d'un faïencier sachant à peine le dessin, mais ayant l'habitude de la rustique ornementation céramique; qu'enfin, dans leurs contours informes, les personnages sont à la fois sarcastiques et moqueurs, comme certains polichinelles qu'essayent parfois les enfants.

C'est fort bien observé, et l'on ne peut mieux rendre la naïveté de la sinistre composition que nous reproduisons en tête de cet opuscule.

M. Riocreux voulut que des photographies en fussent faites sous ses yeux pour qu'une épreuve figurât dans la bibliothèque de la Manufacture de Sèvres et une autre au Musée céramique de Rouen.

Ajoutons à ces observations que l'auteur du beau livre *l'Art de terre chez les Poitevins*, M. B. Fillon, qui eut l'occasion de voir à Sèvres l'assiette qui nous occupe, ne nia point son authenticité; mais, en l'admettant comme contemporaine de la Révolution, il émit le judicieux avis qu'elle serait plutôt contre-révolutionnaire que révolutionnaire.

M. Jacquemart, l'intéressant conteur des *Merveilles de la céramique*, n'hésita pas un instant non plus à admettre l'authenticité de notre assiette, sans lui donner toutefois de sens politique, et en la considérant comme la représentation d'une exécution quelconque.

On se demandera naturellement à quelle fabrique rapporter cette œuvre.

Ne pensons ni à Rouen, ni à Nevers, ni à aucun autre grand centre, mais seulement à quelque usine peu connue de la Champagne, comme l'a déclaré immédiatement M. Riocreux.

La provenance de l'objet ne peut que nous maintenir dans cette voie, car, en l'achetant de M. Deveuve, il fut déclaré par ce dernier à M. Riocreux que l'assiette avait été acquise à Bar-sur-Seine d'un M. Henriot, commissaire-priseur en cette ville, qui la tenait d'une famille où elle était conservée depuis nombre d'années.

Les caractères de la peinture nous éloignent de Nevers, le sujet représenté nous éloigne de Rouen.

M. Paul Baudry, dans une rapide étude de la *Collection céramique du Musée des antiquités de Rouen*, avait déjà constaté que..... « les Rouennais, dont la sagesse et la modération ne se démentirent, dit-on, jamais, pendant le régime de la Terreur, se laissèrent peu entraîner sur cette pente scabreuse »[1].

Nous nous en tenons donc, comme indication d'origine, à la petite fabrique signalée par M. Riocreux, si compétent dans toutes ces questions.

La fabrique d'Ancy-le-Franc n'avait point la spécialité des sujets lugubres. Une assiette conservée au Musée d'Auxerre présente la réjouissante scène du *Jugement de Pâris* interprétée de la façon la plus franchement comique;

---

1. Paul Baudry, *Collection céramique du Musée des antiquités de Rouen*, brochure in-12, imprimerie Ch. F. Lapierre et Cie. Rouen, 1864.

si les déesses se montrent sans voiles, au moins devraient-elles avoir l'excuse de la beauté : des bras sans attaches, des attitudes sans grâce, des draperies raides comme des pieux, voilà ce qui saute aux yeux tout d'abord dans ce singulier tableau, que l'artiste a pourtant signé de son nom, COUR-TAUT, avec un soin qui dénote la prétention satisfaite.

Les corps ne sont pas modelés, mais indiqués au trait, dans une couleur dont l'emploi caractérise les productions de l'usine d'Ancy, c'est le violet lie-de-vin. On retrouvera cette coloration dans la planche placée en tête de ce travail, et c'est pour nous une démonstration d'origine qui ne peut être mise en doute.

Au Musée céramique de Sèvres, une assiette datée de la fin du siècle dernier offre aussi ce ton particulier, que l'on croirait emprunté, si les paysans savaient peindre, à la palette d'un vigneron. On dirait que les faïences d'Ancy ont été barbouillées avec la lie de ces gros vins des environs d'Auxerre, aussi riches en matières colorantes que ceux du midi, et qu'elles en ont gardé la livrée violette, indissoluble souvenir du sol natal. ·

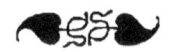

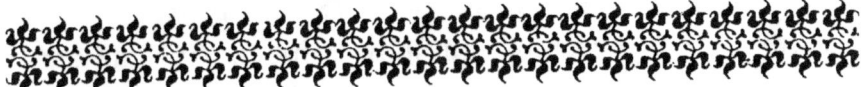

IV

CONTROVERSE

Quelques objections ont été faites contre l'existence de l'assiette à la guillotine : les unes ont précédé la découverte de la pièce que nous mettons sous les yeux du lecteur ; les autres sont venues depuis et ont porté seulement sur la signification plus ou moins révolutionnaire du sujet.

Nous nous occuperons successivement des unes et des autres.

Dans un ouvrage des plus complets et des plus consciencieux sur le sujet qui nous occupe, dans son *Histoire des faïences patriotiques sous la Révolution*, M. Champfleury, inspiré par une conviction depuis longtemps bien arrêtée, avance que « si l'on retrouve un jour le hideux instrument peint sur quelque vaisselle, c'est qu'un truqueur l'aura fabriqué pour se jouer d'un collectionneur naïf »[1].

Quelque part encore, M. Champfleury se moque des « braves gens qui en sont arrivés à rêver toutes les nuits à l'assiette à la guillotine ».

Pourquoi toutes ces plaisanteries faciles, et que prouvent-elles? — L'esprit de l'auteur. — Soit, nous le connaissions. Mais est-ce que, sous la Terreur, on ne se faisait pas, dans un certain parti, honneur du fameux instrument égalitaire?

Le spirituel conteur du *Violon de faïence* a-t-il oublié, dans cette malicieuse allégation de son livre, ce qu'il rapporte plus haut quand il rappelle que « on vendait, dit-on, en 1794, chez les bijoutiers du Palais-Égalité, des boucles d'oreilles à la guillotine. Des boutons d'habits et des tabatières de la même époque contiennent sous verre des dessins de cet instrument de supplice.

« La guillotine servit de modèle à des cachets, et un curieux prétend avoir retrouvé trace d'une enseigne de libraire parisien : *A Notre-Dame de la Guillotine*[2]. »

Rien donc d'impossible dans la présence du terrible objet au fond d'une assiette, puisqu'il figure sur des choses d'usage domestique et de commerce ordinaire.

---

1. Champfleury, *Histoire des faïences patriotiques sous la Révolution*, page 318.

2. Champfleury, *Histoire des faïences patriotiques sous la Révolution*, page 313.

Beaucoup moins affirmatif et plus prudent se montre
M. Mareschal, de Beauvais, auteur de plusieurs publications
illustrées sur les faïences patriotiques, quand il avance sim-
plement, dans l'introduction de l'un de ses ouvrages, « que
quelques types assez intéressants, qui ont jusqu'à ce jour
échappé à nos recherches ou à nos moyens, pourront sans
aucun doute venir avec le temps détruire ou affirmer quel-
ques-unes des suppositions avancées » [1].

Notre découverte vient donner raison aux idées de
M. Mareschal et compléter la curieuse suite des types qu'il
a publiés.

Si nous en revenons à l'analyse de l'opinion de M. Champfleury, nous voyons qu'elle peut être résumée ainsi : cette
assiette n'existe pas, — parce que lui, l'auteur, a « réuni
pendant vingt ans assez de types divers de faïences révolutionnaires pour affirmer que le peuple n'entacha d'aucun
caractère sanglant le journal patriotique qu'il imprimait sous
émail ».

A cela nous n'avons qu'une chose à dire, c'est qu'avant
qu'elle ne fût découverte on ne pouvait sans doute parler de
la guillotine.

C'est une nature de démonstration dont l'auteur a lui-
même ailleurs fait justice, et à laquelle nous appliquerons la
spirituelle réplique rapportée par lui dans le cours d'un article que nous avons déjà cité : « Avant la découverte de

1. A.-A. Mareschal, *Imagerie de la faïence française*, 1 vol. grand in-8,
Beauvais, 1869.

l'Amérique, Strabon et Ptolémée n'en avaient pas fait mention dans leurs livres [1]. »

Sous l'empire du même sentiment, M. Alfred Darcel a écrit ce qui suit dans le *Journal de Rouen* du 16 décembre 1867 : « M. G. Gouellain, il est vrai, a acquis, cette année, une assiette représentant une exécution à mort ; mais la présence d'un prêtre en surplis sur la plate forme et le style du dessin, qui est passablement barbare, ont laissé tous ceux qui l'ont vue unanimes dans l'opinion que cette assiette était très-postérieure à la Révolution et devait être une allusion à quelque exécution qui aura fait grand bruit dans le rayon de la fabrique qui l'a exécutée. »

Pour justifier sa pensée, M. Darcel se réfugie dans une démonstration qui consiste à répéter ce qui a été dit ailleurs par M. Champfleury : Cette pièce n'existe pas parce que je ne l'ai point trouvée, — et il ajoute : « M. Champfleury, qui en a manié plus de dix mille portant des images républicaines, n'en a jamais rencontré une qui portât ce sinistre emblème [2]. »

Comme nous l'avons expliqué, ce n'est point là une preuve ni encore moins une démonstration.

Quant à la présence du prêtre sur l'instrument de mort, elle a servi de thème à quelques personnes peu familiarisées

---

1. Voir la *Revue des provinces*, numéro du 15 décembre 1865, *Des fabriques diverses de faïences patriotiques en France*, page 495.

2. Article sur *les Faïences républicaines* publié dans le *Journal de Rouen* du 16 décembre 1867.

avec l'époque de la Terreur pour vouloir retirer à notre assiette toute filiation révolutionnaire ; les ministres de la religion, à entendre ces critiques, n'accompagnaient point sur l'échafaud les martyrs qui mouraient pour la France ou pour leurs convictions monarchiques.

C'est là une erreur profonde et contre laquelle parlent les faits les plus significatifs.

N'oublions pas que ce fut sur l'échafaud du roi que l'abbé Edgeworth prononça la célèbre parole : « Fils de saint Louis, montez au ciel ! »

Apocryphe ou non, inventée pour les besoins de l'histoire anecdotique, ou éclose en toute spontanéité sur les lèvres du ministre de paix, cette formule d'absolution traverse les âges et s'implante dans les cœurs entre les plus pieuses traditions.

Comme le rappelle M. de Barante : « L'escalier de l'échafaud était roide à monter ; il s'appuya sur le bras de M. Edgeworth, traversa d'un pas ferme la largeur de l'échafaud, et demanda si les tambours continueraient toujours à battre ; à l'instant où on allait l'attacher sur la planche fatale, il s'avança, fixa un regard de commandement sur les tambours qui étaient au-dessous de lui ; ils s'arrêtèrent un instant, et il s'écria d'une très-haute voix : « Peuple, je meurs inno« cent[1] ! »

Quand le condamné montait seul les degrés de la guillotine, aux plus mauvais jours de la Terreur, c'est qu'il avait

1. De Barante, *Histoire de la Convention nationale*, tome II, page 311.

refusé le secours du prêtre qui lui était présenté par ses juges.

N'oublions pas que les ministres de la religion, même ceux qui crurent devoir adhérer à la constitution civile du clergé, furent toujours à la disposition des victimes, et que leur zèle et leur dévouement ne se démentirent jamais : il faut le proclamer à leur gloire et à leur honneur, car ce n'est pas assez connu.

On se souviendra que, lors du supplice de la reine, le 26 octobre 1793, on lui avait donné pour confesseur « un prêtre constitutionnel à qui elle n'adressait pas une parole » [1]. Il n'en est pas moins prouvé que, s'il n'assista point Marie-Antoinette, ce personnage se tint à ses côtés sur l'échafaud, à l'heure solennelle, et que notre assiette est encore une fois d'accord avec l'histoire, quand elle nous montre un prêtre, coiffé du bonnet en éteignoir, présentant le crucifix à l'infortunée liée déjà sur la planche infâme.

1. De Barante, *Histoire de la Convention nationale,* tome III, page 362.

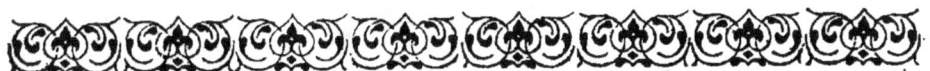

V

ANECDOTES ET FABLES

Nous ne raconterons pas ici toutes les fables qui se sont débitées aussi bien sur la guillotine que sur l'assiette dont nous présentons l'image aux curieux. Le champ est trop vaste, et l'esprit inventif des faiseurs de contes ne nous possède point. Qu'il nous suffise de rappeler la notion de quelques faits, certains et peu connus, dont nous avons retrouvé la trace dans nos recherches pour l'élaboration de ce petit travail.

D'abord, en ce qui concerne l'instrument lui-même, il est intéressant de faire observer que, par un singulier contraste des choses du monde, le docteur Guillotin ne fut pour rien dans l'invention de la machine qui devait garder son nom.

La part qui revient au célèbre médecin, député aux états généraux et régent de la faculté de Paris, est très-bien défi - nie dans un article publié par M. E. Regnard dans la *Nouvelle Biographie générale* de MM. Firmin Didot frères, pages 741 et 745 du tome XXIIe.

Il résulte des recherches consciencieuses de ce biographe sur le docteur Guillotin que... « le 10 octobre 1789, il proposa, pour détruire le préjugé des peines infamantes, de ré- duire toute exécution à mort au genre de supplice qui n'em- portait pas infamie (c'était alors la décapitation par la hache), et il exprima le vœu qu'on pût substituer au bour- reau une machine dont l'action serait plus rapide, mais dont il ne donna aucune description. Cette demande ayant été ajournée jusqu'à la discussion du Code pénal, il fit décré- ter, le 1er décembre de la même année, l'égalité des peines, sans distinction de rang ou d'état. En 1791, lors de la dis- cussion du Code pénal, l'Assemblée constituante, sur la de- mande de Michel Le Pelletier de Saint-Fargeau, adopta pour la peine de mort la décapitation. Le 20 mars 1792, l'Assemblée législative, après avoir pris l'avis du docteur Louis, secrétaire perpétuel de l'Académie de chirurgie, dé- créta que l'article du Code pénal portant que tout condamné à la peine de mort aurait la tête tranchée serait exécuté « suivant la manière indiquée et le mode adopté par la con- « sultation signée du secrétaire perpétuel de l'Académie de « chirurgie ». La machine de mort fut construite, sous la direction du docteur Louis, par Schmidt, mécanicien allemand, qui se trouvait alors à Paris, et le charpentier du domaine. Guillotin fut donc étranger au plan et à la construction qui porte cependant son nom. »

Guillotin, au début de sa carrière, commença par exercer l'art de la médecine à Reims. Il était né à Saintes, le 28 mai 1738, et devait mourir à Paris, le 26 mars 1814, profondément oublié comme praticien, mais à tout jamais célèbre comme inventeur.

On se demandera si, en d'autres temps et chez d'autres peuples, il n'a point existé une façon de donner la mort qui puisse avoir une ressemblance quelconque avec l'invention d'origine française.

Nous trouvons dans le *Journal illustré*[1] la reproduction d'une vieille gravure allemande du XVIe siècle, accompagnant un intéressant article de M. A. Boullier, dans lequel l'auteur s'attache à démontrer que la guillotine ne serait point d'invention terroriste, et qu'elle aurait, sous une forme particulière, à des époques éloignées de la nôtre, servi à la décapitation de condamnés illustres, entre autres du maréchal de Montmorency, exécuté à Toulouse en 1632. Quand on jette les yeux sur ce dessin, on constate de nombreuses différences avec l'échafaud actuel, mais le principe est le même.

Une tradition, reposant sur des exemples fournis par de vieilles estampes, autorise à croire que, dans les Pays-Bas et

1. Numéro du 30 janvier au 6 février 1870.

en Écosse, une machine analogue à celle de Toulouse, et consistant en un couperet glissant entre deux rainures, fut utilisée au XVIe siècle.

Chez les Grecs et les Romains, nous avons inutilement cherché l'exemple d'un procédé similaire; rien de pareil ou d'approchant non plus dans les monuments qui nous ont été laissés par les Égyptiens.

Cruellement raffinés en tout ce qui se rattache à l'art des supplices, les Chinois n'ont rien, dans leurs nombreux moyens de châtiment, qui, de près ou de loin, puisse rappeler la guillotine.

Dans une très-curieuse réunion de dessins sur papier de bambou remontant au dernier siècle, laquelle fait partie de la riche Collection Leber à la bibliothèque publique de Rouen, on parcourt la série des peines infligées en Chine aux criminels, et l'on voit que la diversité des tortures n'est égalée que par leur insigne barbarie.

En ce qui concerne la décapitation, le patient est attaché à une croix et sa tête est chargée d'un écriteau pesant qui le force à tendre la nuque; alors le bourreau, placé à gauche, et d'un seul coup, consomme l'exécution au moyen d'un énorme glaive qu'il manœuvre des deux mains.

C'est le premier acte de la tragédie; car, peuple éminemment pratique, le Chinois voudra faire servir d'exemple à l'adresse des voleurs et des assassins le spectacle qui vient d'avoir lieu : il ne s'empressera point de dissimuler l'instrument de justice, qui, au contraire, restera fiché dans terre, portant à l'un de ses bras, sinistre et sanglante, dans une cage de fer, la tête hideuse du supplicié.

Le sentiment moderne s'est plus d'une fois élevé contre l'emploi de la guillotine comme moyen de châtiment ; on a exagéré la douleur physique du patient : elle ne peut être mise en comparaison des souffrances morales que le condamné peut ressentir dans son cachot avant l'aube du terrible jour ; elle n'est rien quand on la met en regard des supplices anciens que l'échafaud a remplacés.

On reconnaîtra la vérité de ce que nous avançons en examinant un curieux volume intitulé : *De l'Instruction pratique des procès en matière criminelle* au commencement du XVIe siècle, qui fut publié à Paris par Les Angeliers en 1541 [1].

Au moyen des figures sur bois très-bien exécutées qui accompagnent le texte, on peut suivre toutes les péripéties de la torture et descendre tous les degrés de l'échelle de l'horrible. Tous ceux à qui la guillotine inspire un dégoût mêlé de sentimentalité passionnée peuvent avec fruit se reporter à ce traité : on y suit le drame du crime, de l'instruction et de l'expiation dans toute son horreur, depuis le guet-apens jusqu'à la roue.

Rappelons par occasion que ce fut un mauvais drôle, peu intéressant et voleur de grand chemin, nommé Pelletier,

1. *Praxis criminis persequendi, elegantibus aliquot figuris illustrata.....
Apud Arnoldum et Carolum les Angeliers, Parisiis, in palatio*, 1541. — (Ce très-rare petit in-folio de 85 pages, provenant de la collection Leber, appartient aujourd'hui à la Bibliothèque publique de Rouen.)

qui fut le premier guillotiné, le 21 avril 1792. L'expérience qu'il fit de l'instrument nouveau a sauvé son nom d'un oubli mérité.

L'histoire a conservé aussi le nom du premier condamné politique qui monta les degrés de la guillotine. Ce fut un royaliste, Collenon d'Angremont, impliqué dans les événements de la journée du 10 août, qui bénéficia de cet honneur, le 21 du même mois.

Ce terrible instrument d'expiation, qui devait consommer tant de sinistres drames, était destiné, à un double titre, comme invention nouvelle et comme théâtre de grands faits historiques, à une immense célébrité.

L'imagerie populaire va s'emparer de cet aliment nouveau de curiosité malsaine, et reproduire, avec des couleurs crues, les principales scènes de la Terreur.

Séduit à son tour par quelqu'une de ces enluminures colportées, un peintre sur faïence aura copié dans une assiette cet odieux tableau; c'est le moyen le plus simple comme le plus raisonnable d'expliquer l'existence d'un semblable monument, et nous nous rattachons à cette hypothèse de la manière la plus complète.

D'autres assiettes du même genre existent-elles et surgiront-elles un jour? Nous l'espérons, et cette pensée nous a déterminé à publier ces notes.

Le Nivernais ne doit pas encore avoir dit son dernier mot, et recèle peut-être quelque débris intéressant.

M. Barat, marchand de faïences à Nevers, à l'intelligence

duquel on doit la découverte de beaucoup de céramiques locales, nous dit un jour qu'il connaissait une assiette à la guillotine, qu'il se faisait fort de l'obtenir, qu'il fallait attendre... Il y a longtemps de cela, et pourtant nous ne voulons pas encore ranger sa déclaration parmi les rêves.

Les fabriques du Midi, les établissements placés au centre de l'agitation terroriste, nous fourniront un jour aussi, on peut l'espérer, quelque précieuse épave.

Un marchand de curiosités de Paris, M. Legemble, a affirmé de son côté à M. Riocreux avoir rencontré à Arles une de ces assiettes, et l'avoir brisée en présence du vendeur, aussitôt payée. Des analogues pourront donc se rencontrer un jour ; mais dans cette voie il faudra prendre garde à la fraude, car nous connaissons quelques spécimens, grossiers, il est vrai, jetés dans le commerce de la curiosité à la destination des « naïfs », pour nous servir du mot aimable de M. Champfleury.

Au nombre des fables, nous croyons qu'il convient de placer l'existence prétendue d'une assiette terroriste, qui offrirait l'image d'une guillotine avec cette légende, ainsi orthographiée, à l'adresse des aristocrates :

VOUS Y PAÇERÉ TOUS.

C'est bien spirituel et ingénieusement trouvé ; mais ce pastiche amusant de la littérature du *Père Duchêne* nous inspire la plus grande méfiance par sa prétention même. Avis aux collectionneurs, si jamais la chose leur passe entre les mains.

Ajoutons, en terminant, que, le 6 mars de la néfaste année 1871, le prince héritier de la couronne d'Allemagne visitant le musée céramique de Rouen, la photographie de notre assiette à la guillotine (qui figure dans cette collection publique) lui fut présentée par le baron de Pfuel, préfet prussien de la Seine-Inférieure. Une suite nombreuse accompagnait le prince; il s'arrêta et examina curieusement le tableau qui lui était montré, puis, d'après ce qui nous est rapporté, il prononça quelques paroles en allemand. Lesquelles? Nous l'ignorons; mais il n'est pas invraisemblable de supposer qu'il aura pu dire à ses familiers : « Il n'y a que les Français pour manger dans de pareille vaisselle. »

FIN

TABLE

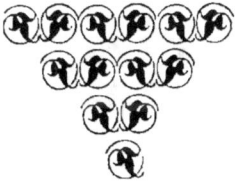

Achevé d'imprimer

AUX FRAIS DE L'AUTEUR

LE VINGT-NEUF FÉVRIER MIL HUIT CENT SOIXANTE-DOUZE

PAR D. JOUAUST

A PARIS

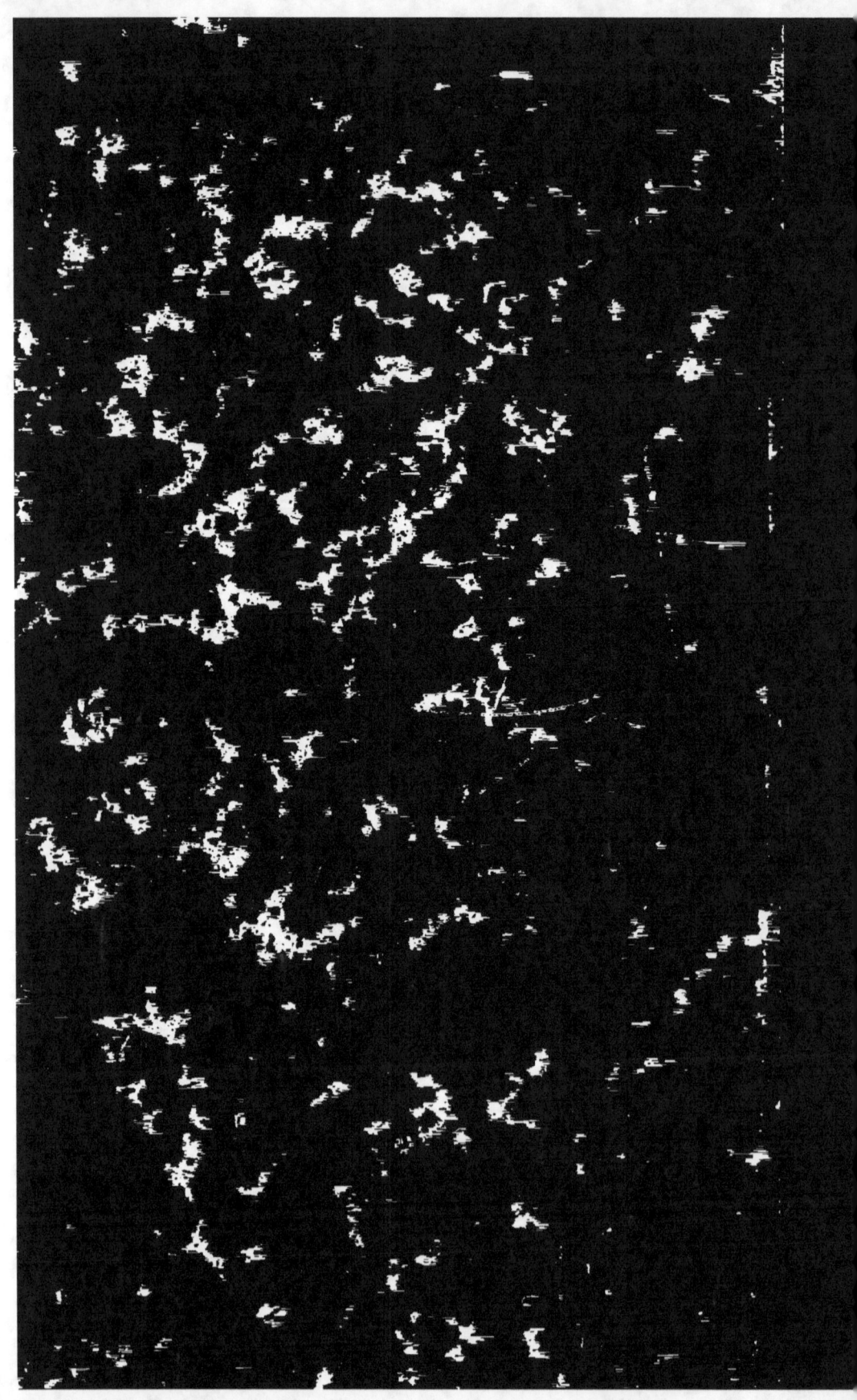

www.ingramcontent.com/pod-product-compliance
Lightning Source LLC
Chambersburg PA
CBHW071433220526
45469CB00004B/1520